AF316291

NOTICE

SUR LA VIE ET LES TRAVAUX

DE

M. JOSEPH-NATALIS DE WAILLY

MEMBRE DE L'ACADÉMIE DES INSCRIPTIONS ET BELLES-LETTRES

PAR H. WALLON

SECRÉTAIRE PERPÉTUEL DE L'ACADÉMIE DES INSCRIPTIONS
ET BELLES-LETTRES.

Extrait de la *Bibliothèque de l'École des chartes,*

année 1888.

PARIS

1889

NOTICE

SUR LA VIE ET LES TRAVAUX

DE

M. JOSEPH-NATALIS DE WAILLY

MEMBRE DE L'ACADÉMIE DES INSCRIPTIONS ET BELLES-LETTRES [1].

Messieurs,

L'Académie me pardonnera d'ajourner encore l'éloge de plusieurs des membres qu'elle regrette, pour lui parler, sans tarder davantage, du doyen cher et vénéré que nous avons perdu. M. Natalis de Wailly occupait, non pas seulement par son ancienneté, mais par son dévouement à la Compagnie et sa participation à nos travaux, une place si considérable parmi nous qu'on ne saurait être blâmé de devancer l'ordre des temps pour vous retracer son image. Puissé-je, en essayant de la reproduire, ne pas trop affaiblir la vive impression qu'elle a laissée dans vos cœurs !

Joseph-Noël ou Natalis de Wailly naquit à Mézières le 10 mai 1805. Il était d'une ancienne famille d'Amiens, et son nom en indique sans doute la première origine. Noël-François de Wailly, son grand-père, littérateur de mérite, qui publia entre autres ouvrages une grammaire française et un vocabulaire français, très estimés au siècle dernier, fut, en novembre 1795, l'un des membres de la troisième classe de l'Institut (*Littérature et Beaux-Arts*). Son père, Noël-François-Henry de Wailly, était, quand il se maria, le 12 floréal an XII (1er mai 1804), secrétaire du général Andréossy et, quand il mourut, le 28 mars 1816, con-

---

1. Lue dans la séance publique annuelle de l'Académie des inscriptions, le 23 novembre 1888.

trôleur principal des contributions indirectes dans le département des Ardennes. Le jeune Natalis se trouvait alors au collège Henri IV, *où son oncle Étienne-Augustin de Wailly remplissait les fonctions de proviseur, où ses cousins Barthélemy-Alfred, Gustave et Jules ont obtenu de si brillants succès. Lui-même, après de solides études dans ce collège et à Sainte-Barbe-Rollin, fit son droit et fut reçu licencié le 1ᵉʳ août 1827* [1]. Il n'avait pourtant aucun goût pour les carrières où mène la science du Code et du *Digeste, et ses premiers écrits n'indiquaient pas non plus la voie qu'il devait suivre en littérature ou en politique*; il débuta sous la Restauration par des articles *Variétés* dans le *National*, puis dans le *Globe*. C'est là qu'il connut Daunou, et en 1830, quand Daunou fut placé à la tête des Archives, il y fut appelé comme chef de la section administrative et domaniale.

Cette entrée aux Archives détermina sa vocation.

Si haut que l'on remonte dans la vie de M. N. de Wailly, on le trouve toujours ce que nous l'avons connu, l'homme du devoir. *Il voulait avant tout se rendre bien compte de ce qui relevait de ses attributions.* Il trouvait aux Archives, non pas seulement les papiers administratifs des derniers siècles, mais les chartes du moyen âge. Il les fallait lire, il en fallait déchiffrer l'écriture, distinguer les formules, déterminer les dates, et il fit dans cette science assez de progrès pour être jugé capable de l'enseigner aux autres. Ce fut sur l'invitation de M. *Guizot qu'il composa et publia* en 1838 ses *Éléments de paléographie* [2], exposé complet de toutes les notions indispensables à la lecture et à l'intelligence des chartes, sans omettre leur principal appendice, les sceaux, dont il a dit l'origine et l'emploi, les formes et la matière [3] : science

---

1. *Renseignements fournis par M. Bergounhioux, neveu de M. de Wailly*, à M. Georges Édon, professeur au lycée Henri IV, qui les a reproduits dans une intéressante notice. M. Bergounhioux a fait réimprimer les discours prononcés aux funérailles de Noël-François de Wailly, son bisaïeul. — Avec la notice de M. Édon, il faut lire celle de M. Paul Meyer, dans la *Romania* (janvier 1887), et le discours prononcé par M. Gaston Paris, non sur la tombe de M. de Wailly (il l'avait interdit), mais à l'Académie, dans la séance qui suivit les funérailles.

2. Paris, 1838, 2 vol. grand in-4°.

3. Il a résumé ces notions dans une *Notice sur les sceaux*, que l'on trouve au tome IV (1840) de l'*Annuaire historique*, publié par la Société de l'histoire de France, et il a fait paraître en outre dans la *Bibliothèque de l'École des chartes* (1842-1843, t. IV, p. 476) une *Notice sur une collection de sceaux des rois et reines de France*.

nouvelle qui n'était pas dénommée encore et qui devait être portée beaucoup plus loin, mais dont il jeta les bases et qu'il sut appliquer lui-même dans plusieurs écrits.

Ses *Éléments de paléographie* avaient suffi pour marquer sa place parmi les savants et le faire élire, en 1841, membre de notre Académie.

C'est à ce titre que j'ai à parler de lui et c'est dans l'ordre des études de notre Compagnie que j'aurai à suivre ses travaux; mais on ne peut négliger ce qu'il a fait de considérable dans les fonctions qu'il a remplies, et ce sont d'ailleurs encore des services rendus, non pas seulement à l'administration, mais à la science.

Le séjour de M. N. de Wailly aux Archives nationales a été marqué par deux séries de mesures d'une importance exceptionnelle. Aux documents administratifs de l'ancienne France s'étaient ajoutés ceux qu'avait produits depuis la Révolution le travail du ministère de l'Intérieur et des grands services qui en ont été successivement détachés. Ils étaient arrivés aux Archives par des versements irréguliers, et cette masse énorme de pièces était empilée pêle-mêle, sans la moindre idée de classement. M. N. de Wailly voulut débrouiller ce chaos. Il se fit un cadre de classement provisoire dont les divisions répondaient, autant que possible, aux différents organes des administrations d'où provenaient ces papiers. Puis il ouvrit lui-même ces cartons, ces liasses, reconnut la nature des pièces qu'ils contenaient et les distribua en tas distincts, selon les divisions du cadre qu'il avait adopté. Ce cadre pouvait alors devenir définitif. M. de Wailly, revenant sur chacune des divisions qu'il y avait faites, mit un ordre approximatif dans les pièces qu'il y avait rangées. Il consacra plusieurs années à ce travail fastidieux, qu'il dut reprendre plusieurs fois en sous-œuvre; et c'est ainsi qu'il constitua la série F, *Administration générale de la France*, série comprenant plus de cinquante mille articles, et où les administrateurs, les économistes, les historiens peuvent, depuis un demi-siècle, se livrer à leurs recherches sans risquer de s'y perdre.

La seconde œuvre importante de M. de Wailly aux Archives est relative aux sceaux du moyen âge. Il avait, nous l'avons dit, posé et développé dans ses *Éléments de paléographie* les règles de critique à suivre pour leur étude. Il fournit les moyens d'examiner et de comparer ces curieux petits monuments, en décidant l'administration des Archives à créer une collection de moulages.

M. N. de Wailly en fait honneur à M. Letronne : associons-le
au mérite de l'éminent garde général et des successeurs de
M. Letronne, qui ont continué et étendu après lui cette opération
si utile à plusieurs titres. Cette mesure, en effet, ne livre pas seulement aux archéologues les exemplaires exacts des pièces qui
font l'objet de leur étude, elle en assure la conservation ; car la
matière est fragile, et la libéralité même avec laquelle on commu-
nique les chartes, munies de sceaux, au public peut hâter la des-
truction totale ou partielle de ces précieux accessoires.

M. N. de Wailly avait passé en 1852 de la section administrative à la section historique, d'où l'Empire expulsait Michelet. Ce
n'est pas lui, on le peut croire, qui avait sollicité ce changement,
et deux ans plus tard, ayant peu à se louer de la nouvelle direction des Archives, il accepta volontiers d'aller à la Bibliothèque
impériale remplacer son fidèle ami, notre vénérable maître
M. Guérard, dans les fonctions de conservateur du département
des manuscrits. Il y resta pendant seize ans, faisant respecter et
aimer tout à la fois son autorité par une fermeté et une bienveil-
lance également appréciées de ses subordonnés et du public ; et,
ici, que puis-je faire de mieux que de reproduire textuellement
cette courte note de celui qui fut son collaborateur, puis son suc-
cesseur, et toujours le plus cher de ses amis :

« Il doit être surtout loué, me dit M. Léopold Delisle, pour
avoir énergiquement combattu et fait échouer des projets qui
auraient désorganisé les collections du département des manuscrits, en apportant, avec des richesses nouvelles, un nouvel élé-
ment de trouble dans les collections des Archives nationales[1] ;

« Pour avoir tenu la main, comme avaient commencé à le faire
ses prédécesseurs, MM. Hauréau et Guérard, à ce que tous les
articles du département des manuscrits fussent régulièrement
cotés et portés sur des inventaires ;

« Pour avoir, de ses propres mains, soumis à un rangement
uniforme et régulier les 25,700 volumes du fonds français ;

« Pour avoir mis à la libre disposition des travailleurs les instruments de recherche, réservés jusqu'alors à peu près exclusi-
vement aux fonctionnaires de l'établissement. »

La carrière administrative de M. de Wailly suffirait pour faire

---

1. Voyez, pour l'éclaircissement de cet article, la brochure intitulée *la Bibliothèque impériale et les Archives de l'Empire.* Paris, 1863.

connaître tout l'homme : application scrupuleuse au devoir, netteté et justesse dans les vues, fermeté dans l'exécution. Ce sont ces mêmes qualités que l'on rencontre dans ses travaux d'érudit.

A peine entré dans l'Académie, on l'associa à un des labeurs les plus considérables de la Compagnie, à la publication des *Historiens de France*, continuation de l'œuvre des Bénédictins qui veut un zèle et un dévouement de Bénédictin. Il en publia le tome XXI avec M. Guigniaut, qui ne réclama jamais que le soin de relire après lui les épreuves (1855), le tome XXII avec M. L. Delisle (1865), le tome XXIII avec MM. L. Delisle et Jourdain (1876). Il imprima à cette grande publication un caractère nouveau. Il avait compris que les chroniques, surtout à partir du xiiie siècle, ne suffisent point pour nous renseigner sur la chronologie des événements, sur la personne des acteurs, sur le jeu des institutions. Depuis longtemps des critiques, pour contrôler, compléter et rectifier les récits des annalistes et des biographes, avaient eu recours aux lettres et aux chartes ; M. de Wailly crut qu'il était nécessaire d'introduire les documents de ce genre dans le corps du recueil. La décision qu'il fit prendre par l'Académie à cet égard fut donc un acte d'une grande portée, et l'on en peut juger aujourd'hui que l'on a les volumes entre les mains. Les comptes du xiiie siècle qu'il a publiés, notamment les tablettes de saint Louis, de Philippe le Hardi et de Philippe le Bel, offrent les renseignements les plus précieux aux historiens ; ils serviront d'exemple aux éditeurs. Ajoutons que M. de Wailly, qui ne négligeait rien, dressa lui-même la table du tome XXI sur un plan excellent, qui a été suivi pour les autres.

Les trois volumes auxquels M. de Wailly a mis son nom sont consacrés à la période comprise entre l'avènement de saint Louis et la mort du dernier fils de Philippe le Bel. Notre confrère se trouvait ainsi amené à l'histoire du xiiie siècle, l'apogée du moyen âge. Il en voulut éclaircir les points les plus obscurs : c'était son devoir d'éditeur et ce fut l'objet des dissertations qu'il publia, soit comme appendices aux *Historiens de France*, soit comme traités particuliers dans la collection de nos *Mémoires* ou dans celle des *Notices et Extraits des manuscrits*. Notons dans les *Historiens de France* la dissertation *sur les Dépenses et les Recettes de saint Louis*, insérée au tome XXI, et la préface du tome XXII ; dans nos *Mémoires*, plusieurs études critiques sur les textes destinés au précédent recueil : Geoffroy de Beaulieu, etc.[1]. Ajoutons un mémoire sur un opuscule anonyme, écrit sous Philippe le Bel par un avocat du roi, qui commence par des vœux pour la paix perpétuelle et continue d'une façon plus pratique en exposant une nouvelle tactique pour abattre les ennemis du royaume et une recette pour abréger les procès[2].

Les travaux de M. de Wailly sur les historiens de cette période ne le détournaient pas de ses premières études. Après avoir réuni les notions générales de la paléographie pour l'instruction des autres, il en fit lui-même l'application dans des recherches originales. Tel est, pour la paléographie proprement dite, son *Mémoire sur des fragments de papyrus écrits en latin et déposés au Cabinet des antiques de la Bibliothèque royale, au musée du Louvre et au musée des antiquités de Leyde*[3]; fragments appartenant à des rescrits impériaux et relatifs à la rescision d'une vente, à la restitution d'un salaire, etc. Tel est encore, pour la diplomatique, son petit *Mémoire sur les dates des lettres de Clément V*. Jusqu'à lui, on avait fait commencer les années de Clément V du jour de son élection au trône pontifical. M. de Wailly prouva, par des rapprochements indiscutables, qu'il les fallait prendre du jour de son couronnement; et par là il n'a pas seulement rétabli la chronologie des actes de ce pontife, il a conduit à d'autres rectifications de même sorte; on a depuis reconnu, en effet, que d'autres papes, comme Clément V, ont compté les années de leur pontificat du jour de leur intronisation.

M. de Wailly ne se bornait pas à la critique des textes qu'il publiait; il savait en user pour initier ceux qui devaient y recourir après lui aux solutions des points les moins éclaircis : témoin son *Mémoire sur les tablettes de cire conservées au Trésor*

---

1. *Examen critique de la Vie de saint Louis par Geoffroy de Beaulieu* (1844); il en établit l'authenticité. — *Notice sur une chronique anonyme du XIIIe siècle* (même année). — *Notice sur Guillaume Guiart* (1846), chronique sur Philippe le Bel de plus de 11,000 vers. — *Examen de quelques questions relatives à l'origine des chroniques de Saint-Denys.* — *Mémoires de l'Académie des inscriptions*, t. XV, 2e partie, p. 403; t. XVII, 1re partie, p. 479. — *Bibliothèque de l'École des chartes*, t. V, p. 205; 2e série, t. I, p. 389; t. III, p. 1.

2. Mémoire sur un opuscule anonyme intitulé *Summaria, brevis et compendiosa doctrina felicis expeditionis et abbreviationis guerrarum ac litium regni Francorum* (1847). (*Mémoires de l'Académie des inscriptions*, t. XVIII, 2e partie, p. 435.)

3. Lu le 11 et le 18 mars 1842 (*Mémoires de l'Académie des inscriptions*, t. XV, p. 399).

des chartes (1848). L'abbé Lebeuf, qui avait fait un savant travail sur les tablettes de cire et en avait montré l'usage dans les comptes jusqu'au xviiie siècle, avait laissé de côté ces dernières comme indéchiffrables et les croyait de Philippe le Hardi ou de Philippe le Bel[1]. M. N. de Wailly les a suffisamment déchiffrées pour établir qu'elles sont du règne de saint Louis[2]. Ce mémoire fut suivi de deux autres de même nature : en 1855, *Recherches sur le système monétaire de saint Louis*, et, en 1856, *Mémoire sur les variations de la livre tournois depuis le règne de saint Louis jusqu'à l'établissement de la monnaie décimale,* avec six tableaux qui permettent de résoudre les questions si délicates de la valeur intrinsèque des monnaies à toute époque intermédiaire[3]. — C'est une œuvre capitale. Jusque-là les économistes et les historiens n'avaient pour se guider dans ces évaluations si difficiles, si nécessaires, que les tables données par Leblanc dans son *Traité historique des monnaies de France depuis le commencement de la monarchie jusqu'à présent* (Paris, 1690) ; mais ce livre, indépendamment des inexactitudes que l'on y pouvait relever, s'arrêtant à 1690, avait le grave inconvénient aujourd'hui de laisser presque deux siècles en dehors de ses tableaux. On sentait le besoin d'un ouvrage fait sur des textes mieux vérifiés et plus complets, qui s'étendît jusqu'à l'époque présente ; et toutefois les plus entreprenants pouvaient reculer devant un travail qui exigeait plus d'une condition, car il fallait, pour le faire avec autorité, un homme qui réunît à la connaissance du moyen âge la pratique du calcul. M. de Wailly s'y dévoua. Il connaissait le moyen âge ; s'il ne s'était senti suffisamment préparé pour le reste, il se serait fait mathématicien, tant il apportait de scrupule dans l'accomplissement des tâches qu'il s'imposait.

Tout en se livrant à ces calculs minutieux et à ces discussions ardues, M. de Wailly ne dédaignait pas de reprendre une question qui était du domaine commun de l'histoire, une question anciennement déjà résolue, mais contestée par de grandes autorités et qu'il croyait bon de mettre définitivement hors de doute :

---

1. *Mémoires de l'Académie des inscriptions*, 1re série, t. XX, p. 247.

2. *Mémoires de l'Académie des inscriptions*, 2e série, t. XVIII, 2e partie, p. 356 ; et addition à ce mémoire (1851), *ibid.*, t. XIX, 1re partie, p. 489.

3. *Ibid.*, t. XXI, 2e partie, p. 114 et 177.

celle *de la date et du lieu de la naissance de saint Louis*. Il établit, contrairement à Du Cange et à Labbe, mais conformément à l'opinion de Tillemont, que la date de la naissance est le 25 avril 1214 et non 1215, et il confirma, nonobstant des controverses du dernier siècle, la tradition historique qui en a fixé le lieu à Poissy[1].

Des trois grands rois du XIIIe siècle, celui qui devait avoir les préférences de M. de Wailly, c'était saint Louis, et l'historien qui devait l'attirer le plus, le principal historien de saint Louis, le sire de Joinville. Notre confrère n'avait pas à le publier dans le recueil des *Historiens de France*, la chose était faite au tome XX; mais il le pouvait mettre, par une édition plus maniable, à la portée du plus grand nombre. C'est ce qu'il fit en 1865 par une version publiée chez Hachette. Il pouvait faire mieux encore : c'était de réunir le texte à la traduction, car le texte seul eût trouvé difficilement des lecteurs dans le public. Le texte et la traduction en regard furent ainsi donnés dans l'édition qui parut chez Hadrien Leclère, deux ans après (1867). Mais le texte qui nous est resté n'est pas du temps de Joinville : il date d'une cinquantaine d'années après sa mort, et les copistes l'ont altéré en le rapprochant de la langue qu'ils parlaient eux-mêmes. Cinquante ans, c'est beaucoup dans le mouvement de transformation du langage à une époque où rien ne le fixait. M. de Wailly résolut de donner un texte qui, moins conforme aux manuscrits, eût le mérite de se rapprocher plus de l'original.

C'est ici que l'on doit surtout admirer le dévouement de M. de Wailly à la science. La philologie, en matière de langue française, n'existait pour ainsi dire pas, quand il était entré dans la carrière de l'érudition ; elle était née quand on fit, vers le milieu de ce siècle, des recherches plus approfondies sur les monuments de notre ancienne littérature : elle grandit sous ses yeux par les travaux de jeunes savants qui sont devenus ses confrères. Lorsqu'il commença à s'occuper de vieux français, ses anciens élèves pouvaient devenir ses maîtres dans une étude qu'il n'avait pas eu besoin de pratiquer jusque-là; il ne craignit pas d'aller, pour ainsi dire, à leur école. Arrivé au seuil de la vieillesse, il se fit étudiant. Grâce à la justesse de son esprit, à la rectitude de sa méthode, à la sagesse, à la circonspection de ses procédés et à sa

---

1. 1865. *Mémoires de l'Académie des inscriptions*, t. XXVI, 1re partie, p. 173.

ferme volonté de savoir, il en vint au point de mettre la main à l'œuvre avec l'assurance que ce qu'il tentait, il saurait l'accomplir.

Pour nous donner une *Histoire de saint Louis* aussi rapprochée que possible de l'original, il fallait retrouver la langue de Joinville. Il la chercha en faisant d'abord un *Recueil des chartes originales en langue vulgaire* tirées de sa chancellerie (1867)[1]. Avec ces documents, dont il avait pu grossir le nombre grâce aux obligeantes communications de M. de Fleury et de notre confrère actuel M. Paul Meyer, il put se faire une idée générale de la langue qui se parlait au temps et aux alentours de Joinville et que Joinville par conséquent avait dû parler, et il en fit l'objet d'un mémoire qu'il lut devant notre Académie. Faire connaître l'orthographe de cette langue dans ses rapports avec la grammaire et la prononciation, malgré les altérations qu'elle a dû subir sous la plume des copistes, voilà ce qu'il se proposait. Il le fit en prenant pour cadre : 1° les parties du discours, les temps des verbes, etc.; 2° les sons divers des voyelles et des consonnes[2]; et il se composa un vocabulaire auquel chacun pouvait recourir, comme lui, pour rectifier l'orthographe des manuscrits (1868).

C'est alors qu'il publia pour la *Société de l'histoire de France* l'*Histoire de saint Louis, texte ramené à l'orthographe des chartes du sire de Joinville* (1868)[3], et c'est le texte qu'il

---

1. *Bibliothèque de l'École des chartes*, 6ᵉ série, t. III, p. 537. Il publia en outre en 1870 une *Charte originale de Joinville du 27 juillet* 1264, qu'il n'avait pas connue à l'époque de la précédente publication (*Bibliothèque de l'École des chartes*, t. XXXI, p. 133).

2. Il résumait les résultats de son travail dans cette conclusion : « Lorsque j'ai entrepris ce mémoire, je n'ai pas eu la prétention de découvrir des théories nouvelles, mais j'ai pensé que, tout en m'appuyant sur des règles déjà connues, je pourrais y rattacher des observations qui ne seraient pas inutiles à l'étude de nos anciens dialectes. Il m'a paru en outre qu'il était toujours bon de constater, avec précision, jusqu'à quel point ces règles ont été observées dans un temps et dans un lieu déterminés. Si je n'ai pas atteint ce but, j'espère du moins m'être préparé à rétablir par des corrections certaines ou probables plusieurs caractères essentiels de la langue de Joinville et pour ainsi dire les traits les plus saillants de la physionomie qu'elle avait dans le manuscrit original. Je ne me dissimule pas qu'une telle tentative peut soulever plus d'une objection; mais j'ai la confiance qu'on me tiendra compte de la méthode qui a dirigé ces recherches et du soin que j'y ai apporté. » (*Mémoires de l'Académie des inscriptions*, t. XXVI, 2ᵉ partie, p. 328.)

3. *Histoire de saint Louis, par Jean, sire de Joinville*, suivie du *Credo* et de la *Lettre à Louis X*, texte ramené à l'orthographe des chartes du sire de Joinville. Paris, Renouard (1868).

reproduisit, en y joignant une traduction, dans la splendide édition de la maison Didot (1874)[1]. Publication où le problème n'était pas résolu en tout point : il était le premier à le reconnaître et il en témoigna publiquement dans sa lettre à notre confrère M. Gaston Paris, juge si compétent en cette matière[2]; mais qui n'en réunit pas moins les suffrages des savants les plus autorisés[3], car on ne pouvait que louer sa méthode et constater les résultats qu'il avait déjà obtenus. Il avait bien mérité de l'école française en montrant les services que la philologie, parvenue au point où nos savants l'ont fait arriver, peut rendre à la littérature historique.

Avec Joinville et avant Joinville, notre langue avait compté un grand historien au moyen âge, l'historien de la quatrième croisade et de la conquête de Constantinople, Geoffroi de Ville-Hardouin. M. de Wailly, s'étant acquitté de tous ses devoirs envers l'historien de saint Louis, ne pouvait négliger son illustre prédécesseur. Il voulut donc publier un texte meilleur de Ville-Hardouin. Mais pouvait-on remonter aussi au texte original? Ici le genre de documents dont il s'était servi pour retrouver la langue de Joinville lui faisait défaut. Point de chartes de la chancellerie de Ville-Hardouin où l'on pût voir comment on parlait ou comme on écrivait dans sa maison. On n'avait donc, pour constituer le texte, que la comparaison des principaux manuscrits; c'est le travail que M. de Wailly entreprit et dont il offrit au public les prémices dans sa *Notice sur six manuscrits de la Bibliothèque nationale contenant le texte de Geoffroy de Ville-Hardouin* (1872)[4]. Puis il publia chez Didot sa grande édition de Ville-Hardouin[5].

---

1. Jean, sire de Joinville, *Histoire de saint Louis*, *Credo* et *Lettre à Louis X*, texte original accompagné d'une traduction. Paris, Firmin-Didot, 1874. Grand in-8° illustré.

2. *Romania*, III, 486-493.

3. Voyez, entre autres, l'article de M. Boucherie : *Étude critique sur l'ouvrage de M. de Wailly intitulé : Mémoire sur la langue de Joinville*. Angoulême, 1870. Extrait du *Bulletin de la Société archéologique de la Charente*, 4ᵉ série, t. VI, 2ᵉ partie, p. 385.

4. *Notices et extraits des manuscrits*, t. XXIV, 2ᵉ partie, p. 1. Ce volume n'a été publié qu'en 1876.

5. *La Conquête de Constantinople, par* Geoffroy de Ville-Hardouin, *avec la continuation de* Henri de Valenciennes, texte original accompagné d'une traduction. Paris, Firmin-Didot, 1872. — Il ajouta en 1874 à son travail des *Éclaircissements* que l'on trouve dans l'édition suivante : I, sur la chronique

M. de Wailly avait été amené aux études philologiques par des scrupules d'éditeur sur le vrai texte de nos deux grands historiens, Ville-Hardouin et Joinville. Il était devenu philologue par amour de l'histoire, il le resta par amour de la langue.

C'est ainsi qu'il se plut à recueillir des chartes du xiiie siècle ou à comparer des manuscrits de chronique en langue vulgaire, pour y étudier la grammaire et l'orthographe du siècle de saint Louis[1] ; mais il revenait toujours plus volontiers à Joinville. En 1872, il publiait un mémoire sur *Joinville et les Enseignements de saint Louis à son fils*[2] ; en 1874, sur le *Romant ou chronique en langue vulgaire dont Joinville a reproduit plusieurs passages*[3]. On y peut joindre un petit mémoire sur un fait qui se rapporte encore à l'histoire de saint Louis : *Récit du XIIIe siècle sur la translation faite en 1239 et en 1241 des saintes reliques de la Passion*[4]. Il s'agit d'un texte découvert par notre regretté confrère M. Miller et dont notre confrère M. Riant, avec sa grande sagacité, sa divination d'érudit, avait soupçonné l'existence ; c'est quelque chose, moins l'importance scientifique assurément, comme la découverte de Neptune sur les calculs de Le Verrier.

d'Ernoul ; II, sur la chronique de Robert de Clary ; III, sur les incidents de la croisade ; IV, sur la valeur intrinsèque des monnaies ; V, des armes défensives ; VI, des armes offensives et des engins ; VII, du vêtement ; VIII, langue et grammaire de Ville-Hardouin ; IX, langue de Henri de Valenciennes ; X, extraits textuels des manuscrits.

1. *Recueil des chartes en langue vulgaire provenant de la collégiale de Saint-Pierre d'Aire en Artois* (1870), et, l'année suivante (1871), des *Observations grammaticales* sur le texte de ces chartes (*Bibliothèque de l'École des chartes*, t. XXXI, p. 261 ; t. XXXII, p. 291). Les chartes furent données en appendice à la suite du mémoire, quand il fut imprimé dans le recueil des *Mémoires de l'Académie*, t. XXVIII, 1re partie, p. 135. — En 1876, une *Notice sur six manuscrits contenant l'ouvrage anonyme publié par M. Louis Paris sous le titre de Chronique de Rains* suivie d'*Observations sur la langue de Reims au XIIIe siècle* (*Notices et Extraits des manuscrits*, t. XXIV, 2e partie, p. 289, et *Mémoires de l'Académie des inscriptions*, t. XXVIII, 2e partie, p. 287). En 1881, deux travaux de même genre : *Notice sur les actes en langue vulgaire du XIIIe siècle contenus dans la collection de Lorraine à la Bibliothèque nationale* (*Notices et Extraits des manuscrits*, t. XXVIII, 2e partie, p. 1). — *Observations grammaticales sur les actes des amans (notaires, amanuenses) de Metz qui sont dans la collection de Lorraine* (*Mémoires de l'Académie des inscriptions*, t. XXX, 1re partie, p. 303).

2. *Mémoires de l'Académie des inscriptions*, t. XXVIII, 1re partie, p. 263.

3. *Ibid.*, 2e partie, p. 179.

4. 1878. *Bibliothèque de l'École des chartes*, t. XXXIV, p. 401.

M. de Wailly ne se contentait pas de nous donner par ses notices et ses mémoires des modèles de critique. Il s'intéressait aux travaux des autres et prenait la part la plus active et la plus fructueuse à nos discussions. Longtemps avant qu'il fût notre doyen, sa voix faisait autorité parmi nous en matière de règlement ou de coutume. Il fut deux fois président de notre Compagnie; la première fois, en 1852. L'usage n'était pas encore établi que le président fît une allocution en ouvrant notre séance publique; mais il dut, à ce titre, prendre la parole aux funérailles des deux secrétaires perpétuels qu'à un mois d'intervalle l'Académie avait perdus, MM. Walckenaer et Eugène Burnouf[1]; l'un, mourant plein de jours, sa tâche bien achevée; l'autre, enlevé dans toute la maturité de l'âge et l'éclat du talent, quinze jours après que l'Académie, comme pour le rattacher plus étroitement à elle et le retenir à la vie, l'avait élevé à cette place qu'il aurait pu occuper encore aujourd'hui.

L'année 1876, où M. de Wailly fut président pour la seconde fois, ne lui épargna pas davantage ce devoir douloureux. En deux mois, janvier et février, nous perdions quatre de nos plus éminents confrères : MM. Mohl, marquis de la Grange, Ambroise Firmin-Didot et Guigniaut. Dans notre séance publique, au début de son discours, il rappelait d'une voix émue ces grands coups que la mort avait portés dans notre Compagnie, et en quelques pages il retraçait avec tant de vérité les traits les plus saisissants de leur figure qu'on les croyait revoir encore sur nos bancs[2]. C'est le même hommage qu'il rendit à deux autres de nos confrères qu'il pouvait si bien faire connaître, les connaissant si bien : M. Letronne, sous lequel il avait fait aux Archives les choses capitales que nous avons dites[3], et M. Guérard, qu'il avait

---

1. 29 avril et 30 mai 1852. Recueil de l'Institut, t. XXII, n° 13.

2. Recueil de l'Institut pour 1876, t. XLVI, n° 17. On retrouvera dans le même recueil le discours qu'il prononça sur la tombe de M. Didot (26 février 1876) et de M. Guigniaut (14 mars). Pour M. Mohl, le discours fut prononcé le 7 janvier par M. A. Maury, président non remplacé encore de l'année qui venait de s'écouler, et M. le marquis de la Grange ne fut pas enterré à Paris. Dans l'intervalle de ses deux présidences, M. de Wailly, en qualité de conservateur de la Bibliothèque, avait rendu ce dernier devoir à son collègue et confrère M. Hase au lieu et place du directeur absent, 24 mars 1864 (Ibid., t. XXXIV, n° 9, p. 11).

3. Revue archéologique, 1848, t. V, p. 619.

remplacé à la Bibliothèque dans la conservation des manuscrits[1].

L'activité de M. de Wailly ne pouvait pas se renfermer dans les limites de l'Académie. L'administration, qui avait su apprécier ses grands services aux Archives nationales, ne manqua pas de réclamer aussi son concours dans l'organisation des archives de nos départements. M. de Wailly fut appelé par le ministre de l'intérieur, le comte Duchâtel, au sein de la commission chargée de ce travail, et il y fit admettre un principe qui, de l'aveu de tous les juges compétents, a été le salut de ces dépôts : le principe de l'intégrité des fonds. On ne comprend plus guère aujourd'hui qu'il ait pu être mis en question ; mais en 1841, quand M. de Wailly le fit prévaloir, l'expérience n'en avait pas démontré les avantages, et les traditions suivies à l'hôtel Soubise y étaient tout à fait contraires. Il y avait donc double mérite à le faire adopter.

Un autre établissement où M. de Wailly portait de tout cœur sa sollicitude, c'est l'École des chartes. Il était de l'École par ses travaux, par ses goûts, par ses affections. L'École, qui n'avait pu l'avoir pour élève, l'aima toujours comme un maître. Même avant d'entrer au conseil de perfectionnement, il y exerça la plus grande et la plus salutaire influence sur les doctrines à enseigner comme sur les méthodes à suivre. Entré dans le conseil, dont il devint le président après la mort de M. Hase, il y introduisit pour les examens des procédés d'une si parfaite justesse que les décisions du jury ne peuvent être et, de fait, n'ont jamais été critiquées. L'École des chartes s'honora toujours des travaux de M. de Wailly comme d'un des siens. Elle leur ouvrit son bulletin et lui-même aimait à lui en donner la primeur. La plupart des mémoires qu'il lut devant l'Académie parurent, de l'assentiment de la Compagnie, dans ce bulletin avant de prendre leur place dans notre collection.

M. de Wailly fut aussi membre du Comité des travaux historiques et de la Société de l'histoire de France. Là aussi, il a toujours usé d'une autorité que l'on ne contestait pas pour faire accepter les solutions les plus pratiques et prévenir des agrandissements ou des déviations de plan qui eussent compromis le succès des plus louables entreprises. Notre confrère M. L. Delisle, qui eût fait mieux que moi cet éloge et qui du moins ne m'a pas refusé son concours, m'a signalé ce fait. Le jour où il s'agit de

---

1. *Notice sur M. Daunou, par M. Guérard,* suivie d'une *Notice sur M. Guérard, par M. N. de Wailly.* Paris, Dumont, 1855.

recueillir en un vaste répertoire la nomenclature des lieux de la
France, il combattit le projet de réunir en une seule série alphabétique les noms du territoire tout entier et fit adopter l'idée de
diviser le travail en autant de volumes que la France compte de
départements. La division de la France en départements est chose
factice sans doute ; mais au bout d'un siècle traversé par tant de
révolutions on peut croire qu'elle sera durable. Si le premier système avait prévalu, on aurait amassé pendant des années des
matériaux qui n'auraient pu être mis en œuvre et qui seraient
indéfiniment demeurés stériles. Grâce à la division du travail pro-
posée par M. de Wailly, nous possédons aujourd'hui, pour une
vingtaine de départements, des dictionnaires qui, en présentant
par un relevé comparatif les formes anciennes et les formes
modernes d'une multitude de noms de lieu, apportent un grand
secours aux travaux d'histoire et de philologie.

Un moment vint pourtant où notre confrère voulut se dégager
de tous ces liens, hors celui qui l'unissait à nous. La vieillesse
s'avançait ; elle le laissait intact et d'esprit et de corps ; mais il en
voyait le terme et il voulait se recueillir. Il se retira donc de tous
les comités, même de nos commissions ; il se retira du conseil de
perfectionnement de l'École des chartes, il donna sa démission de
conservateur des manuscrits à la Bibliothèque nationale. A l'École
des chartes, il était sûr que la présidence qu'il abandonnait pas-
serait en bonnes mains. Il n'avait pas moins de sollicitude pour la
succession qu'il laissait à la Bibliothèque ; or il quittait la Bibliothèque au mois de septembre 1870, en pleine révolution, lorsqu'il
y avait tant de candidats inattendus pour les places vacantes et
même pour les places occupées ; et cependant il se retirait avec
confiance. M. Jules Simon était ministre de l'instruction publique.
M. Léopold Delisle devint, en attendant mieux, conservateur du
département des manuscrits.

M. N. de Wailly avait été cruellement éprouvé dans sa vie
domestique. Il avait de bonne heure perdu sa femme et l'enfant
qu'elle venait de lui donner (1834). Ce grand deuil laissa dans
son âme une empreinte qui se lisait sur sa physionomie dans le
recueillement, et toutefois s'effaçait dans le commerce du monde.
Il ne parlait à personne du malheur qui l'avait frappé, il ne
disait rien qui pût en rappeler le souvenir. Mais dans un coin de
sa bibliothèque on pouvait remarquer, auprès de ses livres, un
petit cadre qui renfermait l'image d'une tombe, et quand il nous

arrivait d'accompagner avec lui les restes mortels d'un confrère au Père-Lachaise, nous nous apercevions, après la cérémonie, qu'il ne revenait pas avec nous. « *Les grandes douleurs sont muettes.* » On en pouvait trouver chez lui un exemple, et une autre cause lui avait donné la force d'ensevelir en soi sa douleur. *Il avait auprès de lui sa mère et reportait sur elle toutes ses affections*; il la voulait heureuse. Comment l'eût-elle été, si elle l'avait vu plongé dans la tristesse? Il avait donc su triompher de sa peine. *Il n'avait rien changé aux habitudes d'une vie que sa mère partageait.* Il était allé habiter avec elle dans une maison de Passy, où elle pouvait jouir d'un jardin. Il y attirait les personnes qu'elle *aimait à voir, et lui-même rendait ces réunions charmantes par* l'agrément de sa conversation qui avait je ne sais quoi de vif et de piquant, sans que personne eût jamais à en souffrir. Tel se *montrait-il dans ses relations avec ses confrères. Il aimait à rendre* de bons offices à tous; il y mettait une cordialité et une bonne grâce qui en doublaient le prix. Et que dire de son intimité, de son *dévouement, de son affection pour ses amis? Avec quelle sollicitude* il les visitait, malades ou infirmes, apportant avec sa bonne humeur dans leur intérieur attristé les distractions de la vie du dehors; *et dans les maisons où il trouvait des enfants, comme il* aimait à s'en voir entouré, avec quelle bonhomie il se mêlait à leurs jeux, partageant nos joies de famille, sans laisser soupçonner *qu'elles lui rappelassent à lui-même un bonheur évanoui pour* toujours !

Quand il perdit sa mère (janvier 1871), il commença à se retirer de plus en plus du monde, se préparant à *rejoindre les êtres* qu'il avait tant aimés. C'est vers ce temps qu'il se démit de tous ses titres officiels; mais, en renonçant aux fonctions publiques et aux travaux des comités littéraires, il était loin *de n'avoir voulu* que le repos. Il voyait auprès de lui, à Passy, cette grande école professionnelle des Frères qu'il couvrait de son patronage tout officieux; il y avait là les écoles d'enfants et toutes les œuvres de la paroisse. Il visitait les pauvres, les malades; eux seuls pourraient dire les soulagements qu'il assurait à leur misère, les consolations qu'il apportait à leurs souffrances. Il était, dans les actes de bienfaisance, d'une prodigalité qui s'ignorait elle-même. Les communautés auxquelles il s'intéressait se faisaient scrupule de lui dire leurs besoins, trop assurées qu'il y voudrait pourvoir au risque de se gêner lui-même. Pour les écoles, il y trouva plus à faire qu'en 1871 il n'aurait pu le croire, lorsque la République, dont il ne pensa jamais beaucoup de bien — (il prenait un malin plaisir à me le dire), — lorsque la République passa aux mains des hommes qui avaient pris pour maxime : *Le cléricalisme, c'est l'ennemi*. M. de Wailly ne se méprit jamais sur le sens du mot, et il craignit que cet amour de la liberté, qui faisait bannir des écoles tout enseignement religieux, ne menât droit à l'athéisme. Or il croyait que la crainte de Dieu est le commencement de la sagesse, aujourd'hui comme toujours, et la sauvegarde des sociétés. Il se donna donc tout entier à l'établissement et au soutien des écoles libres. Président du comité de Passy, il en était non pas le trésorier, mais le receveur général, un receveur (chose rare) qui savait tirer de sa caisse plus qu'on n'y avait mis. Avec lui point de déficit. Quand les besoins allaient croissant, les ressources s'élevaient toujours au niveau de la dépense. Il ne réclamait qu'une chose : c'est qu'on ne lui demandât point la liste de ses souscripteurs, ou comment il s'y prenait pour arriver à ce résultat miraculeux. Les écoles ne méconnaissaient cependant point la main bienfaisante qui les aidait à vivre ; et c'est pourquoi, au jour de ses funérailles, ces troupes d'enfants, petits garçons et petites filles, lui firent un cortège, que sa rigueur à bannir, par acte de dernière volonté, toute pompe de cette suprême cérémonie n'avait pu en éloigner ; car, s'il avait interdit les discours, il n'avait pas refusé les prières, et ces enfants priaient pour lui.

En 1884, nous avions bien pu craindre que ce dernier jour ne fût venu. Un érésipèle mit pendant plus d'un mois sa vie en danger ; chaque semaine, l'Académie recevait avec anxiété les plus récentes nouvelles de sa maladie, et ses amis n'attendaient pas jusque-là pour les aller prendre. Il en revint ; il reparut parmi nous, aussi entier que nous l'avions vu avant cette rude épreuve. C'est que son œuvre n'était point encore terminée et qu'une chose manquait au couronnement de ses travaux. Il s'occupait de l'*Imitation de Jésus-Christ*. Il voulait faire de ce livre presque sacré une édition qui le rendît tel que son auteur l'avait composé ; mais pour cela il fallait remonter aux plus anciens manuscrits, les comparer, les ranger par familles, et par cette voie remonter, s'il était possible, à la source même. C'était un long travail, plus long assurément qu'aucun de ceux qu'il avait entrepris jusque-là. En attendant, laissant les variantes du texte, il en voulut faire une version qui fût à la portée de tout le monde. Comme il cherchait le bien et non l'honneur de mettre son nom à la traduction d'un livre dont l'humble auteur avait su rester inconnu, il s'aida d'une ancienne traduction, n'hésitant point à la prendre préférablement à la sienne quand il la jugeait meilleure ; mais son travail alla plus loin. L'*Imitation* est un livre à méditer. Afin de soutenir le lecteur dans la méditation, il accompagna chacun des chapitres d'une réflexion sur un des articles dont il se compose. Pour le quatrième livre qui traite du divin mystère dans un dialogue intime entre le Maître bien-aimé et le Disciple fidèle, il reproduit pieusement des prières tirées des Pères, des saints ou des docteurs. Pour les autres, il y joint des réflexions qui sont de lui, avec une courte prière qui en est comme le fruit naturel ; et rien ne montre mieux à quel degré de perfection chrétienne, c'est-à-dire de foi, de charité, d'humilité, notre savant confrère était arrivé en se pénétrant ainsi de la substance des livres saints.

Citons seulement cette réflexion sur la mort qu'il avait vue de si près et qu'il attendait, en chrétien, à son heure :

« *Bienheureux qui a toujours l'heure de sa mort devant* « *les yeux et qui se prépare chaque jour à mourir* (I, xxiii, 2). « Ce n'est pas la mort subite qui est le plus à redouter, c'est « la mort imprévue. L'une est un accident contre lequel la pru- « dence ne peut rien ; il atteint ceux-là même qui cherchent le « plus à l'éviter. L'autre est un danger qui ne menace que les « imprudents et auquel on est toujours libre d'échapper. N'es- « sayons donc pas de fuir la mort subite, mais fuyons le péché « afin d'être toujours prêts à bien mourir. Fuyons le péché dans « le présent, mais retournons aussi dans le passé pour y retrou- « ver la trace de nos anciennes fautes, et ne nous lassons pas d'en « évoquer le souvenir. N'attendons pas la dernière heure pour « faire cette longue revue dans l'amertume de notre âme; c'est « une besogne qu'on a besoin de recommencer souvent pour la « bien faire. C'est ainsi que la pensée de la mort, entretenue dans « notre âme, nous aide à purifier le passé par le repentir, à sanc- « tifier le présent par les bonnes œuvres et à nous fortifier pour « le dernier combat. »

C'est quand il eut achevé ce livre qu'il fut emporté après quelques jours de maladie (4 décembre 1886[1]) ; nous n'en pouvions prévoir l'issue si prompte. Il y était tout préparé.

---

1. Chevalier de la Légion d'honneur, le 10 mars 1839 ; officier, le 14 août 1868.

Il laissait après lui une mémoire digne d'envie. Son caractère franc et ouvert, son esprit bienveillant, son humeur toujours égale et volontiers enjouée faisait qu'on s'attachait de plus en plus à lui, à mesure qu'on le connaissait davantage. Il n'y eut jamais amitié plus solide, plus éclairée, plus sincère et plus sûre. Ses travaux resteront comme des modèles et comme des instruments d'étude, en même temps, pour ceux qui s'occuperont du moyen âge. Qui voudra lire Joinville ou Ville-Hardouin, dans leur forme la plus pure, fera usage du texte et connaîtra le nom de M. de Wailly. Ces deux éditions en perpétueront le souvenir tant que dureront nos deux grands historiens ; mais son dernier petit livre, par les réflexions où il a mis toute son âme, sera son meilleur titre à la seule immortalité qui ait fait l'objet de ses vœux.

H. WALLON,

Secrétaire perpétuel de l'Académie des inscriptions
et belles-lettres.

LISTE DES OUVRAGES DE M. DE WAILLY [1].

1. Addition au *Mémoire sur la langue de Joinville,* [par] N. de Wailly. Nogent-le-Rotrou, [1883]. — In-8° de 14 p.

> Extrait de la *Bibliothèque de l'École des chartes,* t. XLIV, p. 12. — Le mémoire auquel se rapporte cette Addition est indiqué plus loin, nos 40 et 41.

2. Addition au *Mémoire sur les tablettes de cire conservées au Trésor des chartes,* par M. Natalis de Wailly. Paris, Imprimerie nationale, 1851. — In-4° de 14 p.

> Extrait des *Mémoires de l'Académie des inscriptions,* t. XIX, partie I, p. 489. — Une première édition insérée en 1850 dans la *Bibliothèque de l'École des chartes,* 3e série, t. I, p. 393. — Le Mémoire sur les tablettes est indiqué plus loin, n° 44.

3. [Allocution à la séance de soutenance des thèses des élèves de l'École des chartes, le 22 janvier 1872.]

> *Bibliothèque de l'École des chartes,* t. XXXII, p. 456.

4. Berthe de Mornay, fille de la Charité. Sa vie et ses écrits, précédés d'une préface par Natalis de Wailly. Paris, impr. Merckel, s. d. — In-8° de 295 p. Autographié.

> La préface de M. de Wailly occupe les pages 3-8 du volume.

5. Bibliothèque impériale (la) et les Archives de l'empire. Réponse au rapport de M. Ravaisson, par M. Natalis de Wailly. Paris, impr. d'Ad.-R. Lainé et J. Havard, 1863. — In-8° de 40 p.

6. Calendrier des fêtes mobiles.

> Dans l'*Annuaire historique* pour l'année 1844 publié par la Société de l'histoire de France, p. 119-137.

7. Cartulaire de l'abbaye de Saint-Victor de Marseille, publié par M. Guérard, avec la collaboration de MM. Marion et Delisle. Paris, typ. de Ch. Lahure, 1857. — Deux volumes in-4°.

> Cet ouvrage, formant les tomes VIII et IX de la *Collection des cartulaires de France,* dans la *Collection de documents inédits,* a été

---

1. M. Wallon a dressé cette liste suivant l'ordre chronologique; nous la donnons ici suivant l'ordre alphabétique des premiers mots des titres, conformément aux usages observés à la Bibliothèque nationale pour les catalogues alphabétiques du Département des imprimés.

achevé sous la direction de M. de Wailly, qui a signé l'avertisse-
ment mis en tête du premier volume.

8. Charte originale de Joinville, du 27 juillet 1264, [publiée par]
Natalis de Wailly. S. l. n. d. [1870]. — In-8° de 2 p.

Extrait de la *Bibliothèque de l'École des chartes*, t. XXXI, p. 133.

9. Conquête (la) de Constantinople, par Geoffroi de Ville-Hardouin,
avec la continuation de Henri de Valenciennes. Texte original, accompagné d'une traduction, par M. Natalis de Wailly. Paris, libr. de Firmin-Didot, 1872. — Grand in-8°.

10. Conquête (la) de Constantinople de Geoffroi de Ville-Hardouin,
publiée par M. Natalis de Wailly. Éclaircissements. Paris, libr. de
Firmin-Didot, 1874. — In-8° de 104 p.

11. Conversion d'une jeune Russe incrédule. Paris, impr. Saint-
Générosus, 1880. — In-8° de 13 p.

Extrait des *Annales de la congrégation de la Mission*.

12. Courtes additions au Glossaire des dates.

Dans l'*Annuaire historique* pour l'année 1852, publié par la Société de
l'histoire de France, p. 28-36.

13. « De la croyance due à l'Évangile..., par H. Wallon... » (Compte
rendu.) 1858.

Bibliothèque de l'École des chartes, 4ᵉ série, t. IV, p. 488.

14. Discours de M. de Wailly, délégué de l'administrateur absent,
au nom de la Bibliothèque impériale, [aux funérailles de M. Hase, le
24 mars 1864]. — In-4°.

Dans le recueil académique relatif aux funérailles de M. Hase, p. 9-11.

15. Discours de M. de Wailly, président [de l'Académie des inscrip-
tions], prononcé aux funérailles de M. A. Firmin-Didot..., le 26 février 1876. — In-4°.

Dans le recueil académique relatif aux funérailles de M. Didot, p. 1-5.

16. Discours de M. de Wailly, président de l'Académie [des inscrip-
tions], prononcé aux funérailles de M. Eugène Burnouf, le dimanche
30 mai 1852... — In-4°.

Dans le recueil académique relatif aux funérailles de M. Eugène
Burnouf, p. 1-4.

17. Discours de M. de Wailly, président [de l'Académie des inscrip-

tions], prononcé aux funérailles de M. Guigniaut..., le 14 mars 1876.
— In-4°.

> Dans le recueil académique relatif aux funérailles de M. Guigniaut,
> pages 1-5.

18. Discours de M. de Wailly, président de l'Académie [des ins-
criptions], prononcé aux funérailles de M. le baron Walckenaer, le
jeudi 29 avril 1852. — In-4°.

> Dans le recueil académique relatif aux funérailles de M. le baron
> Walckenaer, p. 1-4.

19. Discours de M. N. de Wailly... lu dans la séance publique
annuelle de l'Académie des inscriptions et belles-lettres, le vendredi
3 novembre 1876.

> Dans les *Actes* de cette séance (Paris, 1876, in-4°), p. 3-16, et dans les
> *Comptes rendus des séances,* 4e série, t. IV, p. 272-284.

20. [Discours prononcé à l'assemblée générale de la Société de l'histoire de France tenue le 7 mai 1849.]

> *Bulletin de la Société de l'histoire de France,* années 1849-1850, p. 68 et 69.

21. Éléments de paléographie, par M. Natalis de Wailly. Paris,
Imprimerie royale, 1838. — Deux volumes grand in-4°.

22. Examen critique de la vie de saint Louis par Geoffroi de Beaulieu, par M. Natalis de Wailly. Paris, Imprimerie royale, 1846.
— In-4° de 36 p.

> Extrait des *Mémoires de l'Académie des inscriptions,* t. XV, part. II,
> p. 403. — Ce mémoire a paru pour la première fois en 1844 dans la
> *Bibliothèque de l'École des chartes,* 1re série, t. V, p. 205-231.

23. Examen de quelques questions relatives à l'origine des Chroniques de Saint-Denys, par M. Natalis de Wailly. Paris, Imprimerie
royale, 1847. — In-4° de 31 p.

> Extrait des *Mémoires de l'Académie des inscriptions,* t. XVII, partie I,
> p. 379.

24. Henri IV. (Article signé :) Natalis de Wailly. — Huit colonnes
in-8°.

> *Portraits et histoire des hommes utiles...* publiés et propagés pour et
> par la Société Montyon et Franklin, troisième année (1835), troi-
> sième série. In-8°.

25. Histoire de saint Louis, par Jean, sire de Joinville, suivie du
Credo et de la lettre à Louis X. Texte ramené à l'orthographe des
chartes du sire de Joinville et publié pour la Société de l'histoire de

2*

France, par M. *Natalis de Wailly*. Paris, chez Mme veuve Jules Renouard, 1868. — In-8°.

26. Histoire de saint Louis, par Joinville, texte rapproché du français moderne et mis à la portée de tous, par M. Natalis de Wailly. Paris, libr. de L. Hachette, 1865. — In-16.

> Réimprimé plusieurs fois; les éditions numérotées 2-7 ont paru depuis 1865 jusqu'en 1880. Une édition datée de 1883 porte la mention « Nouvelle édition. »

27. Imitation de Jésus-Christ. Traduction nouvelle, augmentée d'une table alphabétique des matières et de réflexions inédites pour chacun des chapitres ou de prières sur l'eucharistie empruntées à de saints personnages, par M. N. de Wailly. Angers, impr. A. Burdin, 1885. — In-12 de II et 434 p.

28. — [Deuxième édition.] Angers, impr. A. Burdin, 1886. — In-12 de x et 454 p.

29. Jean, sire de Joinville. Histoire de saint Louis, Credo et lettre à Louis X. Texte original, accompagné d'une traduction, par M. Natalis de Wailly. Paris, libr. de Firmin-Didot, 1874. — In-8°.

30. « Jeanne d'Arc, par M. Wallon. » [Compte rendu, par] N. de Wailly. Paris, s. d. [1837]. — In-8° de 8 p.

> Extrait de la *Bibliothèque de l'École des chartes*, 6e série, t. III, p. 282.

31. Joinville et les Enseignements de saint Louis à son fils, par M. N. de Wailly. Paris, chez Mme veuve Jules Renouard, 1872. — In-8° de 64 p.

> Extrait de la *Bibliothèque de l'École des chartes*, t. XXXIII, p. 386. — Une seconde édition de ce mémoire a paru sous un titre différent; voyez plus bas, n° 37.

32. Joinville[1]. Histoire de saint Louis. Texte original ramené à l'or-

---

1. Dans la série des éditions de Joinville qu'a données M. de Wailly, il faut distinguer les types suivants :

1° Texte rapproché du français moderne ; édition de vulgarisation publiée par Hachette (n° 26).

2° Texte original, avec le texte rapproché du français moderne; édition publiée par Le Clere (n° 64).

3° Texte ramené à l'orthographe des chartes; édition de la Société de l'histoire de France (n° 25).

4° Texte original (le même que le précédent), avec une traduction; édition de luxe publiée par Didot (n° 29).

5° Texte original (le même que les précédents); édition classique publiée par Hachette (n° 32).

thographe des chartes, précédé de notions sur la langue et la grammaire de Joinville et suivi d'un glossaire, par Natalis de Wailly. Paris, Hachette, 1884. — In-16.

> Il y a eu des tirages successifs de ce petit volume avec les dates 1882, 1883, 1886, 1888.

33. Lettre à M. Gaston Paris sur le texte de Joinville. S. l. n. d. [1874]. — In-8° de 7 p.

> Extrait de la *Romania*, t. III, p. 487.

34. « Libellus aurarius sive tabulæ ceratæ et antiquissimæ et unicæ Romanæ... quas... edidit Jo. Ferd. Massmann... » (Compte rendu.)
> *Journal des Savants*, année 1841, p. 555.

35. Mémoire sur des fragments de papyrus écrits en latin et déposés au Cabinet des antiques de la Bibliothèque royale, au musée du Louvre et au musée des antiquités de la ville de Leyde, par M. Natalis de Wailly. Paris, Imprimerie royale, 1842. — In-4° de 27 p. avec planches.

> Extrait des *Mémoires de l'Académie des inscriptions*, t. XV, partie I,
> p. 399. — Les fragments que M. de Wailly avait étudiés au Cabinet
> des antiques forment aujourd'hui le n° 16915 du fonds latin au
> Département des manuscrits de la Bibliothèque.

36. Mémoire sur Geffroi de Paris, par M. Natalis de Wailly. Paris, Imprimerie nationale, 1849. — In-4° de 41 p.

> Extrait des *Mémoires de l'Académie des inscriptions*, t. XVIII, par-
> tie II, p. 495.

37. Mémoire sur Joinville et les Enseignements de saint Louis à son fils, par M. Natalis de Wailly. Paris, Imprimerie nationale, 1874. — In-4° de 71 p.

> Extrait des *Mémoires de l'Académie des inscriptions*, t. XXVIII, par-
> tie I, p. 263. — Une première édition avait paru sous un titre diffé-
> rent; voyez plus haut, n° 31.

38. Mémoire sur la date et le lieu de naissance de saint Louis, par M. Natalis de Wailly. Paris, typ. Ad. Lainé et J. Havard, 1866. — In-8° de 23 p.

> Extrait de la *Bibliothèque de l'École des chartes*, 6e série, t. II, p. 105.

39. — [Seconde édition.] Paris, Imprimerie impériale, 1867. — In-4° de 30 p.

> Extrait des *Mémoires de l'Académie des inscriptions*, t. XXVI, part. I,
> p. 173.

40. Mémoire sur la langue de Joinville, par M. Natalis de Wailly.
Paris, libr. A. Franck, 1868. — In-8° de 150 p.

> Extrait de la *Bibliothèque de l'École des chartes,* 6° série, t. IV, p. 329-
> 478. — Pour une addition à ce mémoire, voyez plus haut, n° 1.

41. — [Seconde édition.] Paris, Imprimerie impériale, 1870. —
In-4° de 278 p.

> Extrait des *Mémoires de l'Académie des inscriptions,* t. XXVI, par-
> tie II, p. 189.

42. Mémoire sur le Romant ou chronique en langue vulgaire dont
Joinville a reproduit plusieurs passages, par Natalis de Wailly.
Paris, 1874. — In-8° de 36 p.

> Extrait de la *Bibliothèque de l'École des chartes,* t. XXXV, p. 217.

43. — [Seconde édition.] Paris, Imprimerie nationale, 1875. —
In-4° de 43 p.

> Extrait des *Mémoires de l'Académie des inscriptions,* t. XXVIII, par-
> tie II, p. 179.

44. Mémoire sur les tablettes de cire conservées au Trésor des
chartes, par M. Natalis de Wailly. Paris, Imprimerie nationale,
1849. — In-4° de 32 p.

> Extrait des *Mémoires de l'Académie des inscriptions,* t. XVIII, par-
> tie II, p. 536. — Une addition à ce mémoire est indiquée plus
> haut, n° 2.

45. Mémoire sur les variations de la livre tournois, depuis le règne
de saint Louis jusqu'à l'établissement de la monnaie décimale, par
M. Natalis de Wailly. Paris, Imprimerie impériale, 1857. — In-4° de
254 p.

> Extrait des *Mémoires de l'Académie des inscriptions,* t. XXI, partie II,
> p. 177.

46. Mémoire sur un opuscule anonyme intitulé : Summaria, brevis
et compendiosa doctrina felicis expeditionis et abreviationis guerrarum ac lilium regni Francorum, [par] Natalis de Wailly. S. l. n. d.
[1847]. — In-8° de 43 p.

> Extrait de la *Bibliothèque de l'École des chartes,* 2° série, t. III, p. 273.

47. — [Seconde édition.] Paris, Imprimerie nationale, 1849. —
In-4° de 60 p.

> Extrait des *Mémoires de l'Académie des inscriptions,* t. XVIII, par-
> tie II, p. 435.

48. « Méraugis de Portlesguez, roman de la Table ronde, par Raoul de Houdenc, publié pour la première fois par H. Michelant... » (Compte rendu.) 1869.

> *Bibliothèque de l'École des chartes,* 6e série, t. V, p. 221-225.

49. Note relative à l'inventaire des archives de Tarascon-sur-Rhône. 1864.

> *Bibliothèque de l'École des chartes,* 6e série, t. I, p. 171.

50. Notice sur Guillaume Guiart, [par] Natalis de Wailly. S. l. n. d. [1846]. — In-8º de 16 p.

> Extrait de la *Bibliothèque de l'École des chartes,* 2e série, t. III, p. 1.

51. Notice sur les actes en langue vulgaire du xiiie siècle contenus dans la collection de Lorraine à la Bibliothèque nationale, par M. Natalis de Wailly. Paris, Imprimerie nationale, 1878. — In-4º de 288 p.

> Extrait des *Notices et Extraits des manuscrits,* t. XXVIII, partie II, p. 1-288.

52. Notice sur les sceaux.

> Dans l'*Annuaire historique* pour l'année 1840, publié par la Société de l'histoire de France, p. 167-198.

53. Notice sur M. Daunou. Paris, 1840. — In-4º de 4 p.

> Extrait du *Journal des Savants,* année 1840, p. 436-440. A été réimprimé en tête du *Catalogue des livres de la bibliothèque de M. Daunou* (Paris, Techener, 1841), p. i-viii. Le tirage à part in-4º est indiqué dans la *France littéraire* de Quérard.

54. Notice sur M. Guérard, membre de l'Académie des inscriptions et belles-lettres... par M. N. de Wailly.

> P. 189-365 du volume intitulé : *Notice sur M. Daunou,* par M. B. Guérard, suivie d'une notice sur M. Guérard, par M. N. de Wailly. Paris, libr. de Dumoulin, 1855. In-8º.

55. Notice sur M. Letronne, garde général des Archives nationales, par Natalis de Wailly. Paris, libr. archéologique de Leleux, 1849. — In-8º de 8 p.

> Extrait de la *Revue archéologique* du 15 janvier 1849.

56. Notice sur six manuscrits contenant l'ouvrage anonyme publié en 1837 par M. Louis Paris sous le titre de Chronique de Rains, par M. Natalis de Wailly. Paris, Imprimerie nationale, 1876. — In-4º de 52 p.

> Extrait des *Notices et Extraits des manuscrits,* t. XXIV, partie II, p. 289.

57. *Notice sur six manuscrits de la Bibliothèque nationale contenant le texte de Geoffroi de Ville-Hardouin, par M. Natalis de Wailly. Paris, Imprimerie nationale, 1872. — In-4° de 144 p.*

Extrait des *Notices et Extraits des manuscrits*, t. XXIV, partie II, p. 1.

58. Notice sur un livre d'heures donné par l'impératrice Marie-Louise à la duchesse de Montebello. Lecture faite à l'Académie des inscriptions et belles-lettres le 6 mai 1879 par M. Natalis de Wailly. Paris, imprimé par Pillet et Dumoulin, 1879. — In-8° de 15 p.

59. Notice sur une chronique anonyme du xiii° siècle, [par] Natalis de Wailly. Paris, s. d. [1845]. — In-8° de 7 p.

Extrait de la *Bibliothèque de l'École des chartes*, 2° série, t. I, p. 389.

60. Observations grammaticales sur des chartes françaises d'Aire en Artois, par M. Natalis de Wailly. Paris, 1872. — In-8° de 30 p.

Extrait de la *Bibliothèque de l'École des chartes*, t. XXXII, p. 291.

61. — [Seconde édition.] Paris, Imprimerie nationale, 1874. — In-4° de 75 p.

Extrait des *Mémoires de l'Académie des inscriptions,* t. XXVIII, partie I, p. 135.

62. Observations grammaticales sur les actes des amans de Metz contenus dans la collection de Lorraine, par M. Natalis de Wailly. Paris, Imprimerie nationale, 1881. — In-4°. Pages 303-376.

Extrait des *Mémoires de l'Académie des inscriptions,* t. XXX, partie I, p. 303.

63. Observations sur la langue de Reims au xiii° siècle, par M. Natalis de Wailly. Paris, Imprimerie nationale, 1876. — In-4° de 35 p.

Extrait des *Mémoires de l'Académie des inscriptions,* t. XXVIII, partie II, p. 287.

64. OEuvres de Jean, sire de Joinville, comprenant l'histoire de saint Louis, le Credo et la lettre de Louis X, avec un texte rapproché du français moderne mis en regard du texte original, corrigé et complété à l'aide des anciens manuscrits et d'un manuscrit inédit, par M. Natalis de Wailly. Paris, chez Adrien Le Clere, 1867. — In-8°.

65. « Philippe de Remi, sire de Beaumanoir... par H.-L. Bordier... » (Compte rendu.)

Bibliothèque de l'École des chartes, 6° série, t. V, p. 691-693.

66. « Polyptyque de l'abbaye de Saint-Rémi de Reims... par B. Guérard... » (Compte rendu.)

Journal des Savants, année 1853, p. 430.

67. « Polyptyque de l'abbé Irminon... par B. Guérard... » (Compte rendu.)

Journal des Savants, année 1845, p. 117, 423 et 563.

68. Préface du XXIIe volume des Historiens de France, par M. Natalis de Wailly. Paris, typ. Ad.-R. Lainé et J. Havard, 1865. — In-8° de 27 p.

Extrait de la *Bibliothèque de l'École des chartes,* 6e série, t. I, p. 89.

69. Rapport de M. de Wailly [sur l'ouvrage intitulé :] « les Abbés de Saint-Bertin... par Henri de Laplane... »

Revue des sociétés savantes, 1re série, t. I, p. 554-555 (1856).

70. Rapport fait à la section d'histoire, le 13 juillet 1857, par M. de Wailly, sur le projet de publication d'un appendice au cartulaire de Saint-Bertin.

Bulletin du Comité de la langue, de l'histoire et des arts de la France, t. IV, p. 391-392.

71. Rapport fait à la section d'histoire, le 13 juillet 1857, par M. de Wailly, sur le projet de publication du registre de l'officialité de Cerisy, par M. Delisle.

Bulletin du Comité de la langue, de l'histoire et des arts de la France, t. IV, p. 389-390. — La publication du registre a été faite par M. Dupont, d'après la copie de M. Delisle, dans les *Mémoires de la Société des antiquaires de Normandie,* t. XXX, p. 287-662.

72. Rapport sur le cartulaire de Saint-Sauveur de Redon, fait à la section d'histoire, le 13 juillet 1857, par MM. N. de Wailly et Rabanis.

Bulletin du Comité de la langue, de l'histoire et des arts de la France, t. IV, p. 372-376.

73. [Rapport sur le choix des lectures destinées aux séances publiques annuelles des cinq académies, 17 novembre 1848.]

Mémoires de l'Académie des inscriptions, t. XVI, partie I, p. 9-11.

74. Recherches sur la véritable date de quelques bulles de Clément V, [par] N. de Wailly. [Paris,] impr. de E.-J. Bailly, s. d. — In-8° de 10 p.

Extrait de l'*Auxiliaire catholique.* — Réimprimé en 1851 dans la *Nouvelle Encyclopédie théologique,* t. IX : *Dictionnaire de statistique religieuse,* col. 81-86.

75. Recherches sur le système monétaire de saint Louis, par M. Natalis de Wailly. Paris, Imprimerie impériale, 1857. — In-4° de 63 p.

Extrait des *Mémoires de l'Académie des inscriptions,* t. XXI, partie II, p. 114.

76. Récit du XIIIᵉ siècle sur les translations faites en 1239 et en 1244 des saintes reliques de la Passion. Nogent-le-Rotrou, s. d. [1878]. — In-8° de 15 p.

Extrait de la *Bibliothèque de l'École des chartes*, t. XXXIX, p. 401.

77. Récits d'un ménestrel de Reims au treizième siècle, publiés pour la Société de l'histoire de France par Natalis de Wailly. Paris, librairie Renouard, 1876. — In-8°.

78. Recueil de chartes en langue vulgaire provenant des archives de la collégiale de Saint-Pierre d'Aire, par M. Natalis de Wailly. Paris, 1870. — In-8° de 42 p.

Extrait de la *Bibliothèque de l'École des chartes*, t. XXXI, p. 261. — Une seconde édition de ce recueil est comprise dans la seconde édition des *Observations grammaticales sur des chartes françaises d'Aire*, indiquée plus haut, n° 61.

79. Recueil de chartes originales de Joinville, en langue vulgaire, publié par M. N. de Wailly. Paris, typ. A. Lainé, 1868. — In-8° de 56 p.

Extrait de la *Bibliothèque de l'École des chartes*, 6ᵉ série, t. III, p. 557. — Une seconde édition de ce recueil est comprise dans la seconde édition du *Mémoire sur la langue de Joinville*, indiquée plus haut, n° 41.

80. Recueil des historiens des Gaules et de la France. Tome XXI, 1855. Tome XXII, 1865. Tome XXIII, 1876. — In-folio.

Les tomes XXI et XXII sont entièrement dus à M. de Wailly, qui a préparé les pages 1-212 du tome XXIII. — En tête du t. XXI, p. LIII-LXXXI, M. de Wailly a placé une « Dissertation sur les dépenses et les recettes ordinaires de saint Louis. » — Une édition de la préface du tome XXII est indiquée plus haut sous le n° 68.

81. « Richard II, épisode de la rivalité de la France et de l'Angleterre, par H. Wallon... » (Compte rendu.)

Bibliothèque de l'École des chartes, 6ᵉ série, t. I, p. 281.

82. Sur une collection de sceaux des rois et des reines de France, par M. N. de Wailly. Paris, typ. de Firmin-Didot, 1843. — In-8° de 12 p.

Extrait de la *Bibliothèque de l'École des chartes*, 1ʳᵉ série, t. IV, p. 476.

83. Ville-Hardouin et Joinville, par M. de Wailly. Paris, typ. de Firmin-Didot, 1872. — In-4° de 25 p.

Extrait des actes de la séance publique annuelle de l'Académie des inscriptions, 20 décembre 1872, p. 61-85. — Reproduit dans les *Comptes rendus des séances* de l'Académie, 3ᵉ série, t. I, p. 536-557.

Nogent-le-Rotrou, imprimerie DAUPELEY-GOUVERNEUR.

www.ingramcontent.com/pod-product-compliance
Lightning Source LLC
LaVergne TN
LVHW051126060726
842526LV00006B/1929